Vandergleison Judar

A Relação Harmônica do Ser humano e a Criação

Vandergleison Judar

A Relação Harmônica do Ser humano e a Criação

Cuidar, administrar e proteger a "casa"

CREDO EDICIONES

Imprint
Any brand names and product names mentioned in this book are subject to trademark, brand or patent protection and are trademarks or registered trademarks of their respective holders. The use of brand names, product names, common names, trade names, product descriptions etc. even without a particular marking in this work is in no way to be construed to mean that such names may be regarded as unrestricted in respect of trademark and brand protection legislation and could thus be used by anyone.

Cover image: www.ingimage.com

Publisher:
CREDO EDICIONES
ist ein Imprint der / is a trademark of
International Book Market Service Ltd., member of OmniScriptum Publishing Group
17 Meldrum Street, Beau Bassin 71504, Mauritius

Printed at: see last page
ISBN: 978-613-1-43910-0

SUMÁRIO

INTRODUÇÃO....4

1. Teologia Bíblica....5

1.1 Teologia do Antigo Testamento....5

1.1.1 A Relação Ser humano e Criação na perspectiva de Gênesis 1 e 2....5

1.1.2 Relação Ser humano e Criação na pedagogia Deuteronômica....8

1.1.3 A relação Ser humano e Criação no Livro de Jó....9

1.1.4 A relação Ser humano e Criação nos Salmos....11

1.2 Teologia do Novo Testamento....12

1.2.1 A relação Ser humano e Criação no Evangelho de Mateus....12

1.2.2 A relação Ser humano e Criação na Teologia Paulina (Romanos 8)....13

1.2.3 A relação Ser humano e Criação no Apocalipse de João....15

2. Teologia Sistemática....17

2.1 Alienação e Desequilíbrio: Resultados da queda....17

2.2 A importância da Criação nos Credos....20

2.3 A Relação Harmônica: da Patrística aos Reformadores....21

2.4 A Teologia Contemporânea e a Harmonia na Criação....25

3. Teologia Latino-Americana....28

3.1 Sofrimento, exploração e angústia da Criação na América-Latina....28

3.2 Criação e a importância da Relação Harmônica....31

3.3 Relação harmônica: Propostas concretas....34

CONCLUSÃO....39

BIBLIOGRAFIA....41

PARA:
Todos que contemplam a Criação e sentem que precisam cuidar dela.

INTRODUÇÃO

Ecologia é uma das palavras mais veiculadas pelos meios de comunicação de nossos tempos. O bem estar dos seres vivos de nosso planeta parece ser interesse de todos nós, isto por sermos aqueles que mais influenciam nas mudanças e transformações deste mundo. Mas, por incrível que pareça, o ser humano começou a compreender que ele também compõe a misteriosa teia da vida neste planeta azul, com isso passa a ter consciência da importância e valorização que possui sua vida e a de todos os seres vivos que o rodeiam, e interagem com ele nas relações existentes.

Durante muito tempo esta relação foi de desequilíbrio e de violência contra o que foi criado por Deus, mas, a partir dos últimos anos a ideia de uma interação e da busca de uma relação mais justa e igualitária surge com muita força, sendo uma questão de sobrevivência do próprio ser humano, uma questão de vida e quando se fala de vida, há como se fosse uma comoção geral.

Além de comoção é como se houvesse um consenso maior, uma verdadeira atração. Vemos isto em programas como o Globo Repórter, SBT Rural, Pesca e Lazer e outros, que quando tratam de assuntos ligados a Ecologia, como Pantanal, Amazônia e outras regiões paradisíacas, obtêm recordes de audiência, por serem de fato de fato os verdadeiros shows da vida. Em nosso trabalho trataremos da importância da vida como Criação de Deus, através do tema: Relação Harmônica entre Ser-humano e Criação numa perspectiva Ecológica, fundamentando nossa ideia através de autores e autoras que também enfatizaram tal preocupação.

Cremos que uma Relação harmoniosa entre todos os seres pertencentes e presentes no cosmos é, de fato, o que Deus planejou e deseja. Assim discutiremos este assunto no campo da Teologia Bíblica, com os textos sagrados que apontam para esta perspectiva, na Teologia Sistemática e sua reflexão a respeito da Criação, bem como na Teologia Latino-Americana, onde esta relação de harmonia pode ser uma forma de libertação dos excluídos e marginalizados de nosso mundo. Uma vida justa e igualitária como plano de Deus para toda Criação é, acima de tudo, o que precisamos encontrar através desta harmonia das relações.

1. Teologia Bíblica

Analisando a partir das narrativas do AT e NT, é relevante no desenvolvimento de nosso texto, demonstrar a *"Relação harmônica entre ser humano e Criação na perspectiva Ecológica"*. Para elaboração de tal trabalho, nos utilizaremos da ordem canônica dos livros como critério sequencial e metodológico, apenas para facilitar nosso trabalho e ficar mais clara e organizada nossa explanação.

1.1 Teologia do AT

1.1.1 Relação Harmônica Ser-humano e Criação em Gênesis 1

Após Deus organizar o caos em Gênesis 1.1 e elaborar sua Criação de forma harmônica, os versos 26-30, do mesmo capítulo, mostram a determinação de Deus para que o ser humano tivesse uma relação harmoniosa e equilibrada para com o restante da criação.

> *Este mundo foi criado para permanecer em homeostase, isto é, auto-regulado, em equilíbrio. Os animais, as plantas e os seres microbiológicos estão interados reciprocamente. Cada ser, desta maneira, possui uma função específica, e por isso temos interesse na preservação, sem distinção, de todas as espécies. Assim, a base da sobrevivência deste sistema homeostático é justamente a permanência do equilíbrio. Qualquer desequilíbrio representa uma ameaça.*[1]

É importante que exista entre todas as espécies, uma relação harmoniosa para que a própria vida seja mantida em nosso planeta, cada ser possui dentro da Ecologia[2] um papel a desempenhar.

Deste modo, este texto, retrata qual o papel do ser-humano na Criação. E o texto diz que o homem deve "dominar" e "sujeitar" os outros seres (1.28). Isto porque ele é

---

[1] BAPTISTA, Roberto Natal. *Bíblia e Ecologia*, p. 13.

[2] Ecologia: é o estudo da "casa". Tal termo foi utilizado pela primeira vez em 1866 pelo biólogo alemão *Ernst Haeckel*, em um de seus trabalhos. É composto por duas palavras gregas: "*oikos* - casa" e "*logos* - estudo, reflexão", portanto o estudo da casa, que acaba por englobar todo o planeta que é a casa do ser-humano.

imagem e semelhança de Deus. Contudo, isto não quer dizer que o homem possa devastar toda a natureza, pois Deus domina o equilíbrio, é isso que o homem também deve fazer.

> *Portanto em Gênesis 1 "sujeitar" e "dominar" nada mais significa que "administrar". Inclusive, o consumo de carne pelo ser humano está claramente excluído da alimentação. A orientação é para que este somente se alimente de plantas (versículo 29). Não se deve pensar ainda que "administração" representa o conceito que hoje esta palavra nos passa. Antes de mais, nada esta significa o "cuidar", "gerir" sociabilizando as obrigações em um mundo que pertence a todas as espécies.*[3]

As interpretações errôneas deste texto fazem com que exista uma relação de abuso e exploração por parte do homem sobre a Criação. Mas a relação era perfeita, o próprio Deus disse que tudo era bom (v. 31). A avaliação do próprio Criador reforça, ainda mais, nossa afirmação de que havia uma relação harmônica entre tudo o que fora criado.

1.1.2 Relação Ser humano e Criação em Gênesis 2

No segundo relato da Criação, Gênesis 2.4, até 3.24, também percebemos que havia um relacionamento de harmonia entre o ser humano, feito do solo (*adamáh),* com os outros animais e plantas. Deus cria e planta um jardim e nele coloca o homem (v. 8). O jardim oferecia toda árvore agradável e boa para comida (verso 9), neste momento a responsabilidade do homem era de lavrar e cuidar deste (v. 15).

> *A terra é trabalhada para dar o alimento. (...) Em ambas as direções, o trabalho junto à terra é criativo. Não é alienado, pois tem diante de si o resultado e dele usufrui. Usufrui do alimento e da beleza de uma natureza, uma terra, plantas e árvores bem cuidadas.*[4]

O homem podia se alimentar livremente de tudo o que havia no jardim. Todas as plantas lhe serviam de alimento, menos uma árvore, a do conhecimento do "bem e do mal" (vv 16-17), da qual não deveria se alimentar. A relação do homem era de tranquila harmonia, igualdade e respeito com tudo que fora criado. Nos versos 19-20, percebemos essa relação ao vermos Adão dar nomes a todos os animais.

---

[3] Ibidem, p. 15.
[4] SCHWANTES, Milton. *Projetos de Esperança,* p. 78.

A relação com os animais é de profunda ternura. Estes fazem parte da vida da pessoa. Em 2,18-20, isso é apresentado com impressionante delicadeza. Por um lado, pessoas e animais são tão similares que Deus chega a buscar entre eles a "auxiliadora" para o homem. Haveria maneira de expressar melhor de que nós seres humanos, de fato, somos irmãs e irmãos dos animais? Aliás, esta extrema proximidade entre pessoas e animais também é testemunhada em outros textos.[5]

Deste modo, percebemos que a relação com os animais e também com as plantas era uma relação harmônica, o homem respeitava tudo aquilo que lhe servia tanto como alimento (as plantas) como também o que estava próximo a ele (os animais). Após a criação da mulher, o quadro de harmonia e beleza se completa (verso 22).

O quadro se completa: beleza, fartura e harmonia da natureza a serviço do homem e da mulher, que se encontram e se recebem num relacionamento de igualdade. A nudez, vivida com naturalidade, indica aqui a falta de submissão e exploração entre os dois. Este é o jardim em que Deus gosta de passear, na brisa da tarde (Gn 3,8).[6]

Toda essa relação harmônica e o equilíbrio presente na Criação, se mantêm enquanto o ser humano seguir o preceito do verso 17. É uma questão de escolha. O ser humano optará em comer da árvore e assim toda a harmonia e equilíbrio planejados por Javé para sua Criação são alterados.

Não comer da árvore que está no meio do jardim exige bem mais do que deixar de comer uma fruta.(...). O que está em jogo, aqui, é a escolha de um projeto que não é o de Javé. É pensar que cabe a nós estabelecer critérios da vida e da morte. É optar pela dominação e opressão, e não pela igualdade e solidariedade (Gn 2,25). Por causa desta escolha, o jardim, lugar bom e lugar do bem, se fechou: homem e mulher foram expulsos. Para eles, agora sobraram o sofrimento, a fadiga e a dor.[7]

Ao comer a fruta da árvore proibida, o ser humano desestabiliza, desequilibra e desarmoniza toda a relação que havia entre ele e a Criação. Tal escolha o condena ao trabalho árduo, a dureza e secura do solo e ao aumento das dores de parto para mulher. O relacionamento que havia entre ele, a Criação e o próprio Criador é abalado.

Neste encadeamento de narrativas o propósito é manifestar o que fez o homem de suas relações com Deus e a reação de Deus em face a profanação cada vez mais grave de sua ordem. No ponto de partida está o gesto do homem que se apossa do fruto da árvore do conhecimento.(...). O homem, agindo assim, perdeu por

[5] Idem, p. 78.
[6] GALAZZI, A. M. Rizzante. *Estudos Bíblicos,* p. 30.
[7] Ibidem, p.30.

> *negligência sua, a vida no jardim das delícias e na intimidade com Deus. Resta-lhe uma existência cheia de imprevistos e enigmas que o desgastam. Ele se atira a luta sem esperança contra as potências do mal e finalmente terá a morte como salário.*[8]

A própria terra da qual o homem se origina, vai estar comprometida. Seu relacionamento com ela, doravante será desarmonioso. A terra está amaldiçoada e condenará o homem, produzindo ervas daninhas e espinhos, negando-lhe a produção de seus frutos (versos 17-19). A própria vida limita-se a voltar ao pó, ao *adamáh,* de onde veio.

> *Mas houve um hiato nesta relação, uma alienação, que se expressa na luta surgida entre os dois. Por causa do homem a terra foi amaldiçoada e se recusa a fornecer sem trabalho os seus frutos (Gn 3,17-19). A relação da terra com o homem foi totalmente destruída.*[9]

A relação do ser humano com tudo o que foi criado se desarmoniza graças a desobediência em relação ao mandato de Deus, de não comer da árvore proibida.

1.1.3 Relação Ser humano e Criação no Deuteronômio

A lei presente no Deuteronômio possui um caráter tanto profético quanto pedagógico, procurando reenderaçar os conflitos de modo a fazer justiça. Uma das orientações que encontramos (Deuteronômio 12-26) tem a natureza em conflito com a política expansionista.

> *É, coisa de nos admirarmos, entre os problemas vamos encontrar também incipientes questões ecológicas, já testemunhando a ligação entre progresso e ameaça ao meio ambiente. É o que vemos em Deuteronômio 20,19-20; 22,6-7; 25,4. Vemos logo que esta lei tem como objeto o desmatamento.*[10]

Essa lei manda observar se a árvore é ou não frutífera, para depois cortá-la e mesmo assim, o corte é permitido apenas até a cidade ser conquistada (20.19-20). A lei, portanto, proíbe o desmatamento indiscriminado. É curioso também o modo como esta diz, que a natureza não deve ser tratada como inimiga, pois esta sustenta, e beneficia o ser

---

[8] RAD, Gerhard. *Teologia do AT,* pp. 161-162.
[9] Ibidem, p. 165.
[10] STORNIOLO, Ivo. *Bíblia e Ecologia,* p. 18.

humano. No livro de Deuteronômio é possível percebermos a necessidade e o ensino a respeito de uma relação harmoniosa com a natureza, este texto demonstra isto:

> *"Se encontrares no caminho, em cima de uma árvore ou no chão, um ninho de pássaros com filhotes, ou ovos cobertos pela mãe, não apanharás a mãe com a ninhada; deixarás fugir a mãe e só poderás ficar com os filhotes para ti, de modo que possas ser feliz e os teus dias se prolonguem". 22,6-7.*[11]

Os processos da natureza devem ser respeitados, vemos aqui a preocupação com a harmonia presente na Criação. Com a liberdade, a mãe poderá procriar novamente e assim a vida não se interrompe. Neste aspecto, a vida do homem e a do pássaro interage, é um processo pedagógico, é da matriz da vida que depende o sustento do ser humano. Uma outra lei diz "Não porás o cofinho ao boi que debulha" (25.4). É uma necessidade do boi comer, com o cofinho ele não consegue, fica sofrendo vendo a comida a sua frente. Assim é perceptível a relação de respeito e harmonia entre ser humano e animal.

> *Essas poucas leis demonstram, portanto, uma preocupação ecológica incipiente. Por trás delas já podemos notar a sensibilidade para o fato de que a humanidade está profundamente unida à natureza e dela depende, devendo, por isso mesmo, respeitá-la e ser grata para com ela, em vez de violentá-la em nome de sua ambição consumista e de sua desenfreada busca de comodidade e luxo.*[12]

Embora incipientes, o próprio escritor do Deuteronômio já percebia as complicações na relação do ser humano com a natureza e o aconselha a buscar uma relação saudável, sem abuso, uma relação de harmonia e respeito com a Criação.

1.1.4 A Relação Harmônica em Jó

Jó está sofrendo, (Jó 3) Deus quer mostrar-lhe que o ser humano faz parte da harmonia da Criação. Podemos observar que Jó se coloca numa postura de não merecedor daquilo que ocorre com ele. Uma postura antropocêntrica, mas Deus mostra que o homem não é o centro do mundo ou da Criação e que há uma relação em tudo o que Ele criou:

---

[11] Este texto e todos os textos bíblicos utilizados neste trabalho, serão da: Versão Nova Bíblia dos Capuchinhos.
[12] Idem, p. 19.

O Senhor deixa a criação falar por si mesma: o ato criador, a massa da terra, o nascimento do mar, a aurora, as profundezas do oceano, a morada da luz, e das trevas, o lugar onde se acumulam a neve, neblina, vento, chuva e gelo, as constelações, as nuvens e os relâmpagos..[13]

Javé usa a obra da Criação para demonstrar a Jó que há uma relação em tudo que foi criado. Tudo possui um propósito: o de louvar a Deus, e essa relação é perceptível nos contrastes das obras citadas.

O discurso de Deus é o mais devastador possível: destaca o poder divino que detém o caos e sustenta a ordem do mundo. Esses animais enigmáticos são apenas exemplos do inexplicável e do incontrolável. E o Senhor faz investidas usuais contra Jó (40,15) "Podes pescar o Leviatã com anzol? ... Brincarás com ele como se fosse um pássaro?"[14]

Para que haja harmonia em toda a Criação, Deus usa seu poder para sublimar o caos, aquilo que mais ameaça a Criação. Demonstra que é segundo a sua soberania que a ordem cósmica se harmoniza. O mesmo ocorre em 36.31-33; 37.1-3, onde podemos perceber a concepção de que a chuva outonal e seu retorno estão ligados a vida das nações.

Após Deus mostrar o controle sobre o frio e inverno (37.9-13), calor e verão (37.14-24), Jó não sabe o que fazer na presença de Javé. Eliú, seu amigo, está contemplando tudo o que Deus pode fazer, e assim termina seu louvor:

"Ele jamais oprime". É por causa desse equilíbrio misterioso, ou, antes dessa homogeneidade indivisível na realidade divina, que o temor desse mesmo Deus, é aqui como em outras passagens do hebraísmo, não uma simples submissão que paralisa o homem, mas uma resposta ativa de uma fé que o forma capaz de viver, esperar e de crer.[15]

Deus mostra a Jó a diversidade dos efeitos meteorológicos, bem como também a variedade de animais, e o lugar e que cada um possui na natureza (Cap. 39), tudo para mostrar a Jó o seu lugar como ser humano, para mudar sua concepção antropocentrista e valorizar toda a Criação e seus mistérios. Após ser questionado e inquirido, Jó não sabe o que responder, e seu silêncio fala por ele.

Ele se torna talvez consciente da loucura de suas acusações e da arrogância de seus julgamentos, porque as recordações da vida criadora e da harmonia cósmica

[13] MURPHY, R. E. *Jó, e Salmos: Encontro e confronto com Deus,* p. 94.
[14] Ibidem, p. 96.
[15] Ibidem, 273.

> *o tiraram da prisão de seu egocentrismo e o transportaram para o reino da contemplação universal.*[16]

Desta forma Jó compreende a importância do homem e sua relação perante o restante da Criação, deixa de ser antropocentrista e compreende a importância da relação harmônica entre seres humanos, Criador e também com a Criação.

1.1.5 Relação Harmônica Ser humano e Criação nos Salmos

Há vários Salmos que tratam deste tema. Podemos citar o Salmo 8, e o 19. Um deles o Salmo 104. 1-30 fala da grandeza de Deus pelo que Ele criou. Como ele esticou o céu como um véu (verso 2), criando além das criaturas terrestres e marinhas o Leviatã (verso 26). A incumbência de Deus neste Salmo é alimentar sua Criação e mantê-los vivos se não retornam ao pó da terra (versos 28-30).

> *Não contente em assentar a fundação do universo amansando as águas originais e marcando-lhes lugar fixo no oceano celeste e no subterrâneo (vv. 3.7ss), Deus operou algo ainda mais miraculoso usando essas águas a serviço de sua criação, no sentido de, com a sua ajuda estabelecer vida na terra. Do oceano subterrâneo jorram as fontes, fluem os rios, em cujas margens as feras têm vida agradável (vv. 10-12); do mar celeste cai a chuva, "o dom do céu de Deus", realizando o milagre de a terra seca e envelhecida revestir-se .de verde tão agradável e oferecer moradia e alimento para os homens e animais (vv. 14-18).*[17]

A ação de Deus é continua e necessária para que a relação de harmonia se mantenha entre seres humanos e toda a Criação. No verso 14,15, percebemos a relação harmônica dos animais com as plantas e também com o homem, pois é o próprio Deus que faz germinar a planta que alimenta o homem e os outros animais. O Salmo termina com o louvor a Deus pela sua grandeza e plenitude, como grande Criador e mantenedor do cosmos.

---

[16] Idem, p. 287.
[17] WISER, Artur. *Os Salmos,* p. 514-515.

1.2 Teologia do NT

Através da presença e pregação de Jesus Cristo no NT, encontramos uma relação entre a Criação e o ser humano se concretizando, obtendo um novo significado. É toda a vida, o próprio cosmos existente que se revalorizam e se "re-harmonizam" em Cristo.

> *A harmonia tão desejada começa a despontar, é semente de um mundo novo, jogado no chão do mundo velho. Aquele que já era a Palavra Criadora de Deus veio ao mundo, entrou na história e agora fez os alicerces da nova criação (Jo 1). No domingo da ressurreição desponta a aurora de uma nova criação, da recriação. A ressurreição se torna o marco de uma nova era.*[18]

A relação harmônica de Jesus com a Criação se mostra de diversas formas: sua pregação dá novo significado ao Sábado, este foi feito para o homem (Mc 2,23-28); ele também alimenta os famintos gerando vida, valorizando a Criação (Mt 14,13-21); da mesma forma ao agradecer pelo alimento ele demonstra alegria em sua relação com o que supre o corpo físico.

A luta de Jesus Cristo é em defesa da vida, da mesma forma a comunidade de fé aprende com Cristo a zelar pela vida, compreendendo que é no trabalho digno que se constitui a esperança sem afetar e explorar a Criação, mas sim desenvolvendo uma relação harmônica com esta. Podemos perceber isto em alguns textos do NT que refletiremos abaixo.

1.2.1 Relação Harmônica em Mateus 5.5

Embora exista outros textos de Mateus como 5.43-45; 6.25-35; 10.29-31, em que percebemos uma relação harmônica entre animais, plantas e homens, analisaremos esta bem-aventurança para estabelecer a relação de harmonia com a terra, que também foi criada por Deus.

---

[18] FRIGERIO, Tea. *Estudos Bíblicos,* p. 47.

Neste texto nós vemos uma relação muito íntima do ser humano com a terra que era tida como herança, bênção para todo o clã pois, a relação do ser humano com esta, era uma relação de harmonia, de vida e sobrevivência. Toda a sociedade se estruturava ao redor da terra, daí então sua importância. O problema ecológico surge da exploração e da dominação desta, quando se rompe a consciência de seu uso devido.

> *Com a desagregação das estruturas sociais provocada pela dominação romana, a comunidade de Mateus reflete no texto as aspirações de reconquistar sua herança, a terra, que não é apenas uma posse, mais que isso, é a possibilidade de estruturação da vida, de organização das família e da sociedade.*[19]

O domínio e a exploração do império romano sobre a terra, condenou a relação harmônica que a comunidade de Mateus tinha com esta. A esperança de que os mansos a herdem, é a esperança da reconquista desse bem, que implica na própria vida e sobrevivência da comunidade de forma harmoniosa e equilibrada novamente.

Nesta bem-aventurança, com a certeza de que os justos herdarão a terra, vemos a denúncia contra qualquer relação de exploração visando a ostentação e o luxo. A relação com a terra é lugar de vida, deve ser harmônica, de respeito e zelo. Assim, a bem-aventurança vem reivindicar esta relação.

1.2.2 Relação Harmônica Ser humano e Criação em Romanos 8

A Criação sofre por causa da transgressão humana. O peso da corrupção é tão grande que contaminou tudo, não apenas a relação ser humano e Criação, mas a própria natureza em si. A natureza está involuntariamente sujeita à destruição, por isso, ela geme aguardando o dia ansioso de ser liberta (8.22) "Frustração, decomposição e sofrimento; com estas palavras o apóstolo retrata o sofrimento presente da natureza. Sem dúvida isto é temporário, porque os sofrimentos atuais da natureza são o prelúdio de uma glória vindoura".[20]

---

[19] GARCIA, P. R. *Bíblia e Ecologia,* p. 7.
[20] STOTT, J. R. W. *A mensagem de Romanos 5-8,* p. 88.

A relação desarmônica do ser humano será rompida quando enfim o dia da redenção ocorrer. Até lá, cabe a expectativa ansiosa e sofrida de toda a natureza que aguarda este momento desesperadamente.

> *A vinda de Cristo confere a esta expectativa uma justificação nova. Porquanto nÊle, pode a criação recobrar seu destino original, de que a desobediência do homem a privou. Cristo instituiu na criação a nova humanidade dos "filhos de Deus'.*[21]

A comparação com as dores de parto leva-nos a pensar que mesmo que a natureza não queira, essa dor é inevitável. De uma forma ou de outra, até que o dia da redenção chegue, ela é obrigada a passar por isso. Está escravizada devido a corrupção humana. A relação de harmonia entre ser humano e Criação só será recuperada após o próprio Deus redimir aquilo que criou.

A relação entre a Criação, humanidade, Espírito está firmada de uma forma íntima e intrínseca, podemos dizer que há uma interdependência entre eles, e este texto de Paulo que estamos analisando, apresenta-nos essa relação.

> *Quando uma realidade é obscurecida, as outras também o são. Quando vem à luz, as outras também são desveladas. Assim como na hora do parto mãe e filho lutam juntos pela vida, da mesma maneira criação-humanidade-Espírito estão lutando juntos pela vida.*[22]

A relação existente entre a Criação e o ser humano, é fortificada no sentido que o próprio Espírito faz parte dessa relação. Não é possível haver uma relação harmônica se um dos integrantes desta se encontra explorado ou ainda escravizado. É necessário o dia da redenção para que este quadro se altere, para que não só o homem seja liberto, mas também a natureza que ainda sofre e geme.

> *O Deus da vida e sua criação são vistos em estreita correlação. Fala-se numa presença do Espírito Santo em toda a criação. Por isto, o viver de acordo com o Espírito, exigido pela Bíblia (cf. Rm 8.4, etc.), se concretiza essencialmente na luta em defesa da vida.* [23]

A vida então deve ser defendida e zelada, vida no Espírito, esta é a ordenança bíblica conforme o texto citado, e baseado ainda em nossas reflexões esta vida

---

[21] LEENHARDT, F.J. *Epístola aos Romanos,* p. 217.
[22] FRIGERIO, Tea. *Estudos Bíblicos,* p. 40.
[23] BRAKEMEIER, Gottfried. *Estudos Teológicos,* p. 225.

precisa ser de harmonia, em uma relação perfeita entre o ser humano e a Criação conforme o próprio criador a designou.

1.2.3 Relação Harmônica Ser humano e Criação no Apocalipse de João

No livro do Apocalipse nós encontramos uma super valorização da natureza, especialmente quando falamos da "Nova Criação". O livro nos apresenta animais, manifestações temporais, epifanias e até mesmo seres mitológicos como dragões e bestas. Mas o que nos interessa em particular é a restauração do paraíso. Quando isso ocorre, temos então a expectativa de transformação da desordem atual e do caos em que se encontrava a sociedade da época, culminando assim na nova ordem cósmica.

> *A nova ordem cósmica esperada indica uma nova ordem da realidade e a recriação anunciada culmina no estabelecimento de novas relações dos seres humanos uns com os outros, com os outros seres criados e com o meio ambiente.*[24]

Na nova Criação a relação do ser humano com os outros seres criados volta a ter o caráter que Deus planejara. Agora a nova Criação prevê o estabelecimento de um novo Jardim, um novo Éden (capítulo22.1-5), onde o próprio Deus é a fonte de vida e de harmonia para toda a Criação, é de seu trono que sai o rio que gera vida em todo o novo paraíso (cap. 22.1).

> *Apocalipse 22,1-5 descreve a cidade como a estrutura do paraíso: nela está o rio da água da vida e a árvore da vida que produz frutos doze vezes ao ano. E também o trono de Deus e lugar de culto, onde os seus servos o servirão para sempre . Como novo Éden tem caráter cósmico, como preexistente e ainda por vir transcende os limites temporais. Em síntese, é neste contexto literário e teológico que apresenta a destruição da Babilônia e de todos os inimigos escatológicos que a renovação cósmica funciona.*[25]

Com a derrota dos inimigos escatológicos e a queda da grande Babilônia, a nova ordem cósmica é instaurada pelos poderes divinos, com isso, o caos não tem mais poder. (21.1). Há vida abundante, sem morte, dor, pranto, clamor (21.4). Não há maldição (22.3), a noite é sucumbida (22.5 e 21.25), a luz que emana do próprio Deus ilumina toda a nova Jerusalém e seus moradores (22.5).

---

[24] ADRIANO, José. *Revista de Interpretação Latino Americana,* p, 99.
[25] Ibid., p. 103.

Em resumo: a terra e o céu são novos e Jerusalém é nova, porque neles a vida triunfa sobre a morte, a ordem sobre o caos e a luz sobre as trevas; a compaixão triunfa sobre todo o pranto, clamor e dor, já não há mais maldição. O que transcende não é materialidade ou a corporeidade, mas a morte, o caos, as trevas, o sofrimento, a maldição (...), mas agora sem morte e sem maldição.[26]

Há uma plenitude de relacionamento entre Criador e seres humanos, uma relação plena de paz e tranquilidade. Em consequência do estabelecimento da nova ordem cósmica toda a Criação é redimida e reiterada de sua plenitude, desta forma o ser humano pode se relacionar plenamente com o Criador, e estar em harmonia com o restante da Criação.

Ora, se Apocalipse 21,9-27 descreve a beleza visível da nova Jerusalém como morada de Deus, Apocalipse 22,1-5, por sua vez, não só identifica a nova Jerusalém com a nova criação, mas também com o paraíso, o paraíso reconstruído (21,15.23.27;22,3.5). A nova Jerusalém converte no paraíso o lugar onde se realiza integralmente a comunicação entre Deus e os seres humanos, dos seres humanos entre si e com a natureza. Trata-se não de um retorno nostálgico ao paraíso perdido, mas de um paraíso novo, definitivo, no qual a vida divina, como um rio, flui abundantemente, fazendo germinar toda a criação.[27]

Há na nova Jerusalém o encontro e o relacionamento novo, "re-edificado" pelo próprio Deus, para que o ser humano possa alcançá-lo, e assim estarem em comunhão um com o outro. O mesmo ocorre em relação a Criação. O ser humano pode estar em comunhão com os outros seres criados, se relacionando harmoniosamente com estes, no sentido mais pleno que Deus projetou.

A nova criação ocorre somente após a destruição cósmica, uma destruição que se tornou necessária pois a ordem tornou-se desordem na experiência de vida das comunidades. Como na primeira criação, o poder do caos precisa ser submetido para que a nova criação seja estabelecida. Esta maneira de dizer reafirma às comunidades a certeza da vitória última sobre o caos, que não só cumpre como também ultrapassa a primeira ordem das coisas. Por essa razão é que, seguindo a batalha final, o surgimento da nova ordem representa a restauração e confirmação da nova ordem.[28]

O caos desde as narrativas do Gênesis, bem como no livro do Apocalipse, era o que mais ameaçava a Criação. Seu fim era o preço para que uma relação harmoniosa pudesse existir em todas as dimensões. Quando é narrado em 21.1 que o mar já não existe, é a certeza de que o caos foi vencido, e de fato a nova ordem poderá se realizar definitivamente.

---

[26] RICHARD, Pablo. *Apocalipse,* p. 270.
[27] Op. cit., p. 116.
[28] Idem, p. 118.

Quando isso ocorrer teremos de fato a tão sonhada relação, plena e harmoniosa entre seres humanos, Criação e Criador.

2. Teologia Sistemática

É possível observamos em todo o desenvolvimento histórico da Teologia Sistemática, um preocupar-se com a Criação. Percebemos que por causa da degradação e as condições de vida hoje, a discussão sobre tal tema tornou-se um grande foco para várias ciências, inclusive a teologia. Portanto mostraremos como o *relacionamento harmônico entre seres humanos e Criação* está presente em todo o desenvolvimento da Teologia Sistemática.

2.1 Alienação e desequilíbrio: resultados da queda

Os textos bíblicos demonstram que houve um comprometimento do relacionar-se do homem após a "queda", fazendo com que todo o projeto de Deus para o cosmos fosse alterado. O que era para ser harmonia e tranquilidade se transformou em abuso e degradação. Isto porque, ao mesmo tempo que o homem se comprometeu com o Criador em sua relação, ele se alienou em seu relacionar-se com a natureza criada.

> *As criaturas e a queda, não são postas como sendo um outro caminho, de modo que o pecado é um ato da própria criatura, o qual não pode abolir a mesma, mas tem o poder para modificar ou prejudicá-la. A queda realmente fez um criador, deus homem, fora das criaturas, a imago dei man.*[29]

A autoimagem humana ficou distorcida, bem como todas estruturas cósmicas, o ser humano não está onde devia estar, a natureza a mesma coisa. Ele e todo o universo sofreram as consequências pela queda.

> *O estado da existência é estado de alienação. O homem se acha alienado do fundamento de seu ser, dos outros seres, e de si mesmo. A transição da essência à existência resulta em culpa pessoal e em tragédia universal.(...)"alienação" como*

[29] BONHOEFFER, D. *Creation and Fall*, p. 73.

> *termo filosófico foi criado e aplicado por Hegel, especialmente em sua doutrina da natureza como mente (Geist) alienada.*[30]

A alienação sofrida pelo ser humano transformou sua autoimagem, e sua relação com toda a Criação ficou afetada. Isto quer dizer que a queda não influenciou apenas a humanidade mas, todo o sistema organizado e harmonioso que Deus havia criado, comprometendo assim as ligações dinâmicas e equilibradas projetadas pelo Criador. A alienação do homem só será rompida quando este conseguir uma nova consciência, uma nova forma de olhar o mundo, quando passar por uma "delineação".

> *A menos que percebamos o destino devidamente ordenado do ser humano, deixamos, desde o princípio, de compreender o que o homo sapiens é. Nem mesmo é possível afirmar o orgulho humano, o pecado ou estado de queda se ignoramos o destino humano. Sem uma percepção deste destino, seria tão sem sentido descrever os seres humanos como "pecadores" e "maus" como seria descrever um cão de estimação com tais termos.*[31]

Com tal alienação o ser humano perdeu o sentido de sua vida original. A tranquilidade e vida harmônica que ele possuía no jardim agora se transforma em escassez e abuso. Assim, condenado, ele deve trabalhar duramente para conseguir seu sustento (Gn. 3,17-19). Apenas recuperando o entendimento sobre seu destino é que a "relação" também será restituída. Com a sua alienação podemos dizer que a *imago dei*[32], que deveria estar plena em nós, ficou obscurecida causando todo o problema de desarmonia em nosso mundo.

> *Há cinco formas em que se poderia dizer que a imago dei foi perdida na queda(...) 1) a própria essência da alma humana; 2) se refere 'as similaridades gerais com a divindade, a inteligência, etc.; 3) se refere ao domínio do ser-humano sobre outras criaturas; 4) se refere a alguns princípios morais. É no quinto sentido, quando a imago se refere à justiça e santidade que a imagem de Deus é perdida na queda. Nossa própria necessidade de regeneração prova que a imago neste último sentido está perdida.*[33]

Com este distanciamento da *imago dei,* é reforçada a ideia de que o ser humano se distanciou da plenitude daquilo que Deus planejara para ele, se distanciando assim, não apenas do Criador, mas de toda a Criação. O homem pela sua própria vontade não pode

---

[30] TILLICH, Paul. *Teologia Sistemática,* p. 278.
[31] BRAATEN C. E.; JENSON, R. W. *Dogmática Cristã, p.325.*
[32] Cf. BRAATEN, C.; JENSON, R. *Dogmática Cristã. Imago Dei:* Significa a imagem de Deus, seria uma imagem fundamental do ser-humano como ser-com-um-destino. Embora seja um termo teológico com diversas interpretações. Pp. 331-332. Em nosso trabalho, a ideia que nos interessa é a do ser-humano responsável como imagem de Deus, por cuidar da natureza criada, sendo o representante de Deus na terra.
[33] Ibid., p. 338.

regenerar-se, ele necessita de uma nova vida, de uma nova Criação. O próprio Criador percebendo esta necessidade, resolve então regenerar o ser-humano e as relações cósmicas corrompidas com o seu próprio Filho.

> *O Deus revelado na Bíblia é o criador do céu e da terra, totalmente comprometido com o andamento do mundo. Nesse sentido, a cristologia do Novo Testamento nos fala de um Cristo que sustenta o universo. O hino cristológico que encontramos na carta aos Colossenses, onde Paulo diz: Por meio dele, Deus criou tudo, No céu e na terra, O que se vê e o que não se vê, Inclusive todos os poderes espirituais, as forças, os governos e as autoridades. Por meio dele, Deus criou todo o universo. Cristo já existia antes de tudo, E em união com ele todas as coisas são conservadas Em ordem e harmonia. (Cl 1.16,17 BLH).*[34]

Com a encarnação do Logos, o ser humano, natureza e Criador podem se relacionar equilibradamente de novo, pois é construída uma nova base de relacionamentos, firmada no próprio Cristo. A alienação da queda é suprimida e uma valorização especial da Criação ocorre. Em seus sermões e ensinos, Jesus demonstra que, relacionar-se harmoniosamente com a natureza é algo presente, pois esta é testemunha da própria glória de Deus, demonstrada muitas vezes por Ele próprio.

> *Caberia ainda acrescentar o amor pela natureza que Deus, o Pai demonstra, segundo o testemunho direto ou indireto de textos sinóticos, como, por exemplo, em Mt 5,43-45; 6,25-35; 10,29-31, onde são associados animais, plantas e homens. Além disso, as parábolas de Jesus que exaltam a natureza como "pregadora da soberania de Deus" e, finalmente, o Espírito de Deus, em cujo poder Jesus expulsa demônios (Mt 12,28). Deste modo, fica assinalado, também no contexto "jesuânico", a relevante tríade ecológica da criação.*[35]

O pecado suprimido não desaparece, a problemática de abuso e exploração da natureza ainda existem, contudo, a nova dinâmica da própria vida e ensinos demonstrados por Jesus no início da instauração do Reino de Deus sobre a face da Terra, permite que o ser humano novamente recupere, pelo menos em parte, a sua relação harmônica com a Criação, até que verdadeiramente o Reino seja completamente estabelecido e a harmonia seja plena (Ap. 21-22).

---

[34] ROLDAN, Alberto F. *Senhor Total,* pp. 143-144.

[35] GANOCZY, Alexandre. *Perspectivas Ecológicas na Doutrina Cristã da Criação,* p. 52.

2.2 A importância da Criação nos credos

A afirmação "Criador do céu e da terra", foi um acréscimo do credo dos Apóstolos ao credo romano para que a Igreja freasse as heresias. Cada um dos credos surgiu desta necessidade de se manter a sanidade da fé, sem se deixar levar pelas diversas ideias que iam surgindo e influenciando o cristianismo.

> *Teologicamente, a doutrina da criação como um ato do Deus trino e uno é de grande importância. A história dos credos e confissões antigos da igreja indica com clareza este fato. As lutas contra o gnosticismo, o arianismo e o maniqueísmo giravam parcialmente em torno de Deus como o Criador e do relacionamento entre o Criador e o Redentor, Jesus Cristo. As declarações da Igreja no período antigo, em forma de credo, refletem sua tentativa de ligar a criação e a redenção no único Deus vivo.*[36]

O Credo dos Apóstolos, o Credo Niceno e o Credo de Atanásio, foram confissões de mais destaque na luta contra as heresias nos primeiros séculos da Igreja. As tais heresias eram na verdade concepções que diferiam da doutrina, ainda em desenvolvimento, da Igreja cristã primitiva. Estava presente a influência platônica acompanhada do gnosticismo, que pregava a matéria como algo mau (ambos tinham uma concepção dualista). Portanto, a matéria precisava ser rejeitada e o espírito valorizado, pois o corpo era uma prisão para este.[37]

Se a matéria é algo ruim e desprezível não é necessário que a respeitemos ou ainda a valorizemos, e todo o processo de re-Criação em Jesus Cristo teria sido em vão. Portanto, tanto a matéria quanto a humanidade de Jesus precisavam ser valorizados. Surge, deste modo, a necessidade de afirmar a fé em um Deus Criador que trouxe, através de seu Filho, a existência céu, terra e tudo o que neles há.

> *Visto que Deus, como Criador, é a explicação da existência do mundo e do homem, é a atividade da criação que estabelece nosso relacionamento mais profundo e essencial com Deus: como Criador e, portanto, como Senhor. Assim, a doutrina de Deus como Criador é talvez o conceito mais fundamental de Deus que conhecemos. A Igreja tem sustentado com firmeza esta doutrina, em contraste com outras opiniões do relacionamento entre Deus e o mundo.*[38]

---

[36] WHEATON, D.H. *Doutrina da Criação*, p. 368.

[37] Cf. CHAMPLIN, R. N. e BENTES, J. M. *Enciclopédia de Bíblia, Teologia e Filosofia*, p. 961; RUETHER, Rosemary R. *Estudos Teológicos*, pp. 245-246. TILLICH, P. *Estudo do Pensamento Cristão*.

[38] Ibid., p. 368.

É o relacionar-se com Deus que leva-nos a compreender o nosso posicionamento de seres criados por Ele, a fim de que nos relacionemos com as outras criaturas de maneira harmoniosa e respeitosa. A afirmação que a Igreja sustenta até nossos dias de crer em um Deus Criador, precisa nos conduzir a esta concepção, se Deus criou, e ele mesmo viu que tudo era bom (Gn 1,31), também nós seres humanos precisamos enxergar com tais olhos a Criação, relacionando-nos harmoniosamente com esta.

2.3 Harmonia na Criação: da Teologia Patrística aos Reformadores

Um dos grandes gigantes deste primeiro período com certeza é Orígenes, considerado um erudito dos primórdios do cristianismo, ele centralizou seus estudos e ideias em Deus e a Trindade, valorizando também os aspectos do Deus Criador.

> *Comentando as frases bíblicas "Não preencho eu céu e terra? Diz o Senhor" (Jeremias 23.24) e "O céu é meu trono e a terra meu escabelo"(Isaías 66,1), diz Orígenes: "como nosso corpo é provido de muitos membros e unido por uma alma, acho que o mundo inteiro também deveria ser considerado um imenso animal, que se preserva unido pelo poder e razão de Deus como por uma alma."*[39]

O Deus Trinitário é valorizado e lembrado da mesma forma como o relacionamento harmônico entre toda a Criação. A comparação com o corpo de um grande animal demonstra a relação de dependência entre cada parte deste corpo, ou seja, entre os diversos seres, criaturas e componentes da Criação, os quais são mantidos em harmonia pelo próprio Deus, sendo considerado a alma de tal fictício ser.

Para ele, Deus pode ser totalmente bom, enquanto as outras criaturas dependem do Logos como mediador, recebendo sua bondade do próprio Criador. Sua concepção do processo de Criação, difere dos gnósticos. O grande mestre de Alexandria considera o mundo material como Criação do bom Deus.

> *A criação, bem como a vida toda, fazem parte de um eterno e contínuo ato criador de Deus, o qual seria a fonte originária de toda a vida. Apesar de que as formas de*

[39] Apud: KLEIN, Carlos J. *Deus e a criação segundo Orígenes*, p. 44.

vida podem modificar-se, a vida criada seria coexistente com Deus, ou, pelo menos, os elementos básicos dos quais se soergueu a vida. Deus, portanto, reveste-se de posição primária, quanto a importância e grandeza, embora não de posição primária, quanto ao tempo. Formas e tipos de criação vieram 'a existência tiveram um começo; mas a própria criação, de alguma maneira, é um eterno ato de Deus.[40]

Deus sendo a fonte originária de toda a vida, e mantendo esta dependência para com a criação, faz desta sempre um ato eterno Dele mesmo. O Deus Trinitário de Orígenes é concebido subordinadamente[41] em harmonia, da mesma maneira como o nosso relacionar-se deve ocorrer com a natureza.

Santo Agostinho[42] em relação a Criação, demonstra também a ideia que existe uma relação de harmonia entre o mundo material e espiritual, o mundo das criaturas mortais e imortais, demonstrando que essa relação entre esses dois mundos se mantém, devido ao equilíbrio já estabelecido pelo grande Criador.

Quando, perecendo alguns seres, nascem outros, para ocupar os lugares que correspondiam àqueles, e os inferiores sucumbem ante os superiores e os vencidos se transforma em qualidades dos vencedores, então se dá a ordem dos seres transitórios. A formosura de tal ordem não nos deleita precisamente, porque incorporados, por motivo de nossa natureza mortal à referida parte do conjunto, não podemos perceber que relações de conveniência e proporção ligam ao conjunto as partes que nos desagradam. Eis por que, quanto menos idôneos somos para contempla-la, mais se nos impõe a obrigação de crer na providência do Criador, a fim de não nos atrevermos, com a temerária vaidade humana, a censurar a obra de tão grande Artífice.[43]

Para o Bispo de Hipona, a relação de harmonia na Criação está presente, mas esta depende também de como a natureza é utilizada. Se o seu uso não for benéfico, então ela nos desagrada, como o fogo, que é benéfico enquanto cozer, mas que serve para condenar os hereges.[44] Embora com defeitos é necessário que além de seu devido lugar e uso, nós busquemos a compreensão de que a natureza possui esta ordem harmoniosa e equilibrada, para que também o Criador seja louvado.

---

[40] CHAMPLIN, R. N.; BENTES, J. M. *Enciclopédia de Bíblia, Teologia e Filosofia,* p. 955.
[41] KLEIN, Carlos J. *Deus e a criação segundo Orígenes,* p. 44.
[42] Além da ênfase destacada neste texto, S. Agostinho também possui uma visão teológico-ecológica voltada para uma dimensão soteriológica, onde a criação não humana, possui mais que um valor de uso. GANOCZY, A. *Não há céu sem terra,* p. 53.
[43] AGOSTINHO, S. *A Cidade de Deus,* p. 65.
[44] Id., p. 65.

> *Todas as naturezas têm, como ser, seu modo, espécie e certa paz própria e, por isso, são boas. E quando estão colocadas onde a ordem da natureza exige, conservam o ser que receberam.(...) Deus, que é em sumo grau e, por conseguinte, Autor de toda essência, que não é soberanamente (pois não é justo fosse igual a Ele e por Ele feita do nada) e de modo algum poderia existir, se não fosse feita por Ele, não deve ser censurado pelos defeitos das naturezas, e sim louvado, considerando-se todas elas.*[45]

Outro personagem que merece destaque é São Francisco de Assis[46]. Quem conhece sua história sabe que ele negou toda a riqueza com a qual poderia viver, para ter uma vida simples, contemplativa, e ao mesmo tempo de respeito e envolvimento harmônico com a natureza. A opção de vida e seu relacionamento com a Criação é exemplo para todos nós habitantes do planeta azul e que buscam tal valorização ecológica.

> *A chave para entender São Francisco é sua crença na virtude da humildade, não somente com relação ao indivíduo, mas pelo homem como uma espécie. São Francisco tentou depor o homem de sua soberania sobre a criação, para apresentar uma democracia de todas as criaturas de Deus. Para ele, a formiga não é mais uma homilia dedicada ao preguiçoso, o fogo, um símbolo da alma ao unir-se a Deus; agora eles são a irmã Formiga e o irmão Fogo, os quais dão louvores a Deus de acordo com os ditames da natureza.*[47]

O abuso e exploração são negados pois, cada ser criado não é apenas natureza, mas é um verdadeiro irmão. Existe um relacionar-se harmonioso com a Criação porque há uma democracia entre todas as espécies, o ser humano olha para as outras criaturas não como se estive acima destas, mas como se ele estive ombro a ombro.

> *Elas são animadas e personalizadas; existem laços de consanguinidade com o homem; convivem numa mesma casa paterna. Porque são irmãs não podem ser violadas, mas devem ser respeitadas. Daí é que S. Francisco, surpreendentemente, mas de forma consequente, proibia os irmãos de cortarem as árvores pela raiz, na esperança de que elas brotassem de novo*[48].

No séc. XVI, com o movimento da reforma protestante, surge também o problema do abuso da natureza com o objetivo de se obter lucro e progresso, através da

---

[45] Ibid., p. 65.
[46] Em 1967, Lynn White já havia proposto Francisco de Assis como santo patrono dos ecologistas, mais tarde João Paulo II o proclamou patrono celeste dos cultores da ecologia, inclusive com todos os privilégios litúrgicos inerentes. In: JUNGES, J. R. *Ecologia e Criação,* p. 56. Mais informações ver: S.Francisco de Assis: Escritos e Biografias de São Francisco de Assis. Crônicas e testemunhos do primeiro século franciscano.
[47] SCHAEFFER, Francis A. *Poluição e Morte do Homem,* pp. 125-126.
[48] BOFF, L. *São Francisco de Assis: Ternura e Vigor,* p. 51.

exploração desta. A influência do dualismo continua presente, separando o espírito da matéria, fazendo desta apenas um acumulo de capital.

> *A questão do trabalho. Fundamental para o ocidente onde surge e se afirma o capitalismo é a compreensão do trabalho como apropriação da natureza em função dos interesses humanos. A natureza perde o valor em si mesma e o produto dela extraído ou moldado, definido pelo seu uso, é o que também determina o seu valor. A acumulação deste valor é o que estabelece a escala do progresso.*[49]

Lutero foi um dos reformadores que levantou sua voz para uma diferenciação no tipo de procedimento e tratamento com a natureza. Traduzindo e interpretando o Magnificat[50], ele diz que Deus é o supremo Criador e penetra no mais profundo de nosso ser. Isto é, há uma valorização da parte de Deus em relação ao que ele criou. Essa valorização é demonstrada com a alegria e inspiração deste cântico, refletindo em nossa interação com o restante da Criação, valorizando e nos relacionando bem com esta.

> *Uma compreensão metabólica do trabalho oferece a possibilidade de abordar o problema da justiça de forma que não apenas os interesses humanos estejam em jogo e a natureza seja encarada como fonte de recursos a serem equitativamente distribuídos, mas de forma a respeitar a voz que vem da natureza como extensão mesma da corporalidade humana que com ela está organicamente vinculada. Este vínculo orgânico é o que revela, nas palavras de Lutero, a "majestade da matéria".*[51]

Para Lutero há uma permissão para se utilizar da natureza, mas desde que seja feito com responsabilidade e respeito, mantendo-se os vínculos existentes, orgânicos e harmônicos percebidos na natureza, mantidos pela *majestade da matéria.*

Por sua vez, o reformador Calvino, classifica a importância da Criação[52] de forma que reconheçamos um único Deus, distinguindo-se assim, dos deuses pagãos. Portanto, a Criação deve ser vista como um testemunho da existência do próprio Deus, um revelar-se Deste.

---

[49] WESTHELLE, Vitor. *A voz que vem da natureza,* 22.

[50] Significa: Minha alma enaltece a Deus, o Senhor, cântico de Maria. LUTERO, M. *Obras Selecionadas,* pp. 20-25.

[51] WESTHELLE, Vitor. *A voz que vem da natureza,* 23.

[52] Cf. O Livro de Confissões, cap. IV 6.022: 1. Ao princípio aprouve a Deus o Pai, o Filho e o Espírito Santo, para a manifestação da glória do seu eterno poder, da sua sabedoria e da sua bondade, criar ou fazer do nada, no espaço de seis dias, e tudo muito bom, o mundo e tudo o que nêle há, visível ou invisível.

> *Porquanto havemos ensinado que o conhecimento de Deus, que sob outro aspecto, não obscuramente se evidencia na estrutura do universo e nas criaturas todas, contudo, se desdobra ainda mais íntima e vividamente na Palavra, compensa agora ponderar se o Senhor Se nos representa na Escritura tal qual anteriormente se viu delinear-Se em Suas obras.*[53]

Para Calvino, pode se ver Deus nas escrituras e também em toda a Criação. A Escritura descreve e comprova a presença de Deus, bem como a Criação testemunha sua presença e ação mantenedora. Deste modo, pode-se notar o valor da Criação, que continua sendo governada pelo próprio Criador. Deus zela para que toda a harmonia seja segura e continue acontecendo no processo desencadeado pelo mesmo em todo cosmos.

> *Deus enquanto Criador e sua providência em conservar as coisas em ordem e harmonia com as quais criou, se provam por Ele (...) Deus, sendo Criador do céu e da terra, governa esta obra com habilidade que Ele mesmo criou. A cada passo na Escritura se propaga sua bondade e inclinação voluntária em fazer o bem.*[54]

2.4 A Teologia Contemporânea e a Harmonia na Criação

Como já mencionamos, atualmente os problemas relacionado à ecologia tem sido foco de grande atenção inclusive por parte da Teologia. A Eco-teologia é um novo paradigma que tem sido utilizado para se abordar este assunto, dentro da teologia. O mundo todo se volta hoje para preocupações como o ar, água, terra e etc. Deste modo, a Igreja não pode ficar inerte a este movimento e deve também, refletir e buscar soluções ao problema da vida, tentando concretizar uma relação harmônica entre seres humanos e Criação.

Um dos teólogos que muito se preocupou com esta questão foi Moltmann. Tenta demonstrar a importância da Criação, realizada por Deus, pela atuação do Espírito com sua presença criadora, mantenedora e renovadora. É o Espírito que transforma a comunhão de todas as criaturas com Deus, e entre si, na comunhão da Criação. Assim, cada criatura, a seu modo, se comunica com Deus.[55]

---

[53] CALVINO, João. *As Institutas,* p. 111.
[54] CALVINO, Juan. *Institución de la Religión Cristiana,* p. 47.
[55] MOLTMANN, J. *Doutrina Ecológica da Criação,* p. 29

Criação no Espírito é uma concepção teológica que melhor corresponde a doutrina ecológica da criação, hoje procurada e reclamada. Com esta concepção, nós resgatamos a doutrina teológica da criação da era da subjetividade e do domínio mecanicista do mundo e a levamos para aquele caminho, no qual devemos procurar o futuro de uma comunhão ecológica mundial[56].

A preocupação deste teólogo é de que os seres humanos possam desenvolver uma comunhão ecológica universal, uma vida de harmonia com a Criação, uma interação pacífica e solidária. Esta proposta seria a única solução ao ser humano para o caminho de autodestruição que ele vem construindo ao longo de sua história.

A solução proposta por Moltmann é que mudemos nossa concepção para uma visão interativa e integral entre ser humano e natureza, atingindo assim uma vida simbiótica, que agiria nos seguintes níveis:

a. Nível jurídico e político, a vida é encarada como uma aliança com a natureza, defendo o direito das pessoas e o direito da terra. A natureza não pode ser um bem sem dono.
b. Nível medicinal, essa vida simbiótica deve ser uma totalidade psicossomática, a pessoa se defronta consigo mesma. O corpo precisa ser valorizado, e não visto como um corpo que a pessoa tem.
c. *Nível religioso, ela é comunhão de criação. A criação não é o mundo que a pessoa deve subordinar a si.*[57]

A busca por uma relação de respeito, comunhão e harmonia entre Criação e ser humano são vividamente realizadas. Toda exploração é deixada de lado pela nova compreensão que se adquire, quando enxergamos a natureza como algo criado por Deus.

Guthrie, ao falar da Criação, também demonstra que o ser humano, mesmo afastando-se de Deus por causa da queda, e comprometendo assim as relações estabelecidas por Ele, o que foi criado continua sendo algo bom, sendo necessário apenas corrigir esse interagir do ser humano com esta Criação.

É verdade que os homens se rebelam contra seu criador, atentando contra sua boa criação, fazendo miseráveis outros homens e até eles mesmos por recusarem viver de acordo com a ordem do Criador. Imediatamente depois o relato da criação se

[56] MOLTMANN, J. *Doutrina Ecológica da Criação*, p. 31.
[57] Id., p. 20

torna o relato da tentação e queda do homem. Mas nem a Bíblia ou genuína teologia cristã diz que a boa criação de Deus se torna uma má criação[58].

A relação do ser humano havia sido comprometida, mas a beleza e bondade da Criação continuam presentes. Não há maldade na Criação por causa da queda. Já trabalhamos o recuperar das relações em Jesus Cristo, com isso, o mundo continua sendo bom, e a relação do ser humano com a Criação, precisa ser mantida independente de qualquer coisa.

O mal que invade o mundo e o coração do homem não é mais forte que o criador. Isto não pode mudar a essencial boa estrutura de seu mundo. Então antes de tentarmos entender o mal, que é um intruso no mundo, nós devemos tentar entender essa verdade e segurarmos nela mesmo quando tornamo-nos para o problema do mal: Desprezando tudo, o mundo criado que vivemos é um mundo bom, e é bom estar vivo nele.[59]

Na opinião deste teólogo o mal é um invasor, mas o mundo continua com sua boa estrutura, ou seja, relações harmoniosas graças ao Criador, pois Ele é mais forte que o próprio mal. Baseados nesta certeza, de que o Criador mantém as estruturas do mundo, as relações de equilíbrio e a interação igualitária do ser humano com a boa Criação devem ser mantidas.

---

[58] GUTHRIE, S. *Christian Doctrine*, p. 159.
[59] Id., 160.

3. Teologia Latino-Americana

A medida que surge a crise (os problemas com a poluição, contaminação das nascentes, superaquecimento, crescimento demográfico, problemas com as relações sociais humanas, como fome e miséria) enfim, quando surgem as dificuldades, é que se percebe a importância da Ecologia. O objetivo em nossa Teologia Latino-Americana é desenvolvermos uma *Relação harmônica entre ser humano e Criação*, com o enfoque libertador, ou seja, precisamos desse relacionar-se harmonicamente, para que haja igualdade, vida com qualidade e acesso aos recursos que o planeta oferece, a todos os viventes deste, sem exploração e abuso do que foi criado por Deus, rompendo com o domínio de uma minoria que toma posse do que pertence a todos.

3.1 Sofrimento, exploração e angústia da criação na América Latina

Se é mediante a crise que surge a preocupação e o valor da natureza, é certo então que estamos vivendo uma crise. Afinal, a sociedade e a própria Igreja, discutem sobre a situação que se encontra a Criação não apenas na América Latina, mas em todo o mundo e da necessidade de um relacionamento harmonioso com esta, buscando uma vida de equilíbrio e respeito pela natureza.

A condição de termos hoje uma sociedade desigual, com má distribuição de renda, centralização do poder, latifúndios, exploração e abuso da natureza, se deve principalmente pelo tipo de colonização que tivemos. Enquanto os países do Norte, tiveram colônias de povoamento, nós latinos, fomos invadidos com colônias de exploração. Nossas riquezas como ouro, prata e madeira eram tudo o que queriam. O mercantilismo que impulsionou esta fase no desenvolvimento sociológico e histórico do mundo já era um princípio do capitalismo.[60] Esta situação de exploração foi criticada pelos próprios textos bíblicos como diz a citação abaixo:

---

[60] Cf. PILETTI, N. *História do Brasil,* Ed. Ática.

Põe o dedo na injustiça distribuição de terra. Chama a atenção para a degradação dos trabalhadores. Clama contra a fome dos lavradores (...) Quem não conheceria o seguinte dito de Miquéias: "Ai daqueles que ... cobiçam campos e os arrebatam, casas e as tomam" (Mq 2,1-2)? Quem não conheceria a figura de Nabote, vítima da ganância e do latifúndio (1Rs 21)?[61]

Como nas narrativas bíblicas, o que aconteceu com nosso continente latino foi exatamente isso. Sofremos como Nabote sofreu, fomos invadidos, roubados, saqueados e explorados. O relacionamento harmônico que os índios possuíam com a natureza em seu estilo de vida, lutando apenas pela subsistência foi rompido. O desejo dos colonizadores de competirem por quem seria mais rico, fez com que o caos fosse iniciado. Miséria, desigualdade e morte dominam a Criação.

Com isso, o ser mais ameaçado da natureza hoje é o pobre. 79% da humanidade vive no Grande Sul pobre; 1 bilhão de pessoas vivem em estado de pobreza absoluta; 3 (sobre 5,3) bilhões têm alimentação insuficiente; (...) as espécies de vida correm semelhante ameaça. Estimativas dizem: entre 1500-1850 foi presumivelmente eliminada uma espécie a cada 10 anos. Entre 1850-1950 uma espécie por ano. A partir de 1990 está desaparecendo uma espécie por dia. A seguir este ritmo, no ano 2000 desaparecerá uma espécie por hora. (...) Mas de todas as formas há uma máquina de morte movida contra a vida sob as suas mais variadas formas.[62]

Todo processo se iniciou no período das grandes navegações, mas de fato se acentuou com a Revolução industrial, e a sociedade moderna[63]. A ambição infindável do ser humano, o impede de relacionar-se harmoniosamente com a natureza. A relação de harmonia, prevê a valorização da vida em todos os sentidos, o que não encontramos hoje.

A desigualdade que há entre Sul e Norte (hemisférios), se evidencia nesta busca pela vida. Pela sobrevivência, no nosso caso; pelo luxo e pela qualidade de vida, no caso deles. Cada vez mais os problemas relacionados a natureza vão acentuando-se. "1999 (...) A devastação das florestas continua. A China é a campeã mundial, seguida pelo Brasil. Cerca de 93% da Mata Atlântica, 50% dos Cerrados e 15% da Amazônia (três áreas

---

[61] SCHWANTES, M. *Conquistar a Terra, Reconstruir a vida*, p. 25.
[62] BOFF, L. *Princípio-Terra: A volta à Terra como Pátria comum*, pp. 13-14.
[63] Cf. BOFF, Leonardo. *Saber Cuidar; Ética do Humano – compaixão pela terra*, p. 131.

equivalentes ao Distrito Federal, por ano) foram destruídos."[64] Números obtidos através de pesquisas nos assustam:

São despejados no mar, sem qualquer tipo de tratamento, 7 toneladas de esgoto por segundo pelo chamado "Emissário Sub-marino" no Rio de Janeiro. A Barra-da-Tijuca, área "nobre" do Rio, despeja 216 milhões de litros de esgoto por dia.[65]

> *O Brasil produz 240 mil toneladas de lixo por dia, 75% depositado em lixões. Cerca de 15% dos plásticos são reciclados. Na reciclagem de alumínio, supera a Inglaterra, a Alemanha e o Japão: 95%. Não é o resultado de políticas ambientais, mas sim reflexo do desemprego e da miséria - os catadores de lixo se multiplicam.*[66]

A reciclagem se torna uma opção na luta pela sobrevivência. Fome, miséria e violência misturam-se com o abuso da natureza. A violência nunca atingiu números tão gritantes! Paz se torna um grito da sociedade. Mas só teremos paz, quando o ser humano aprender a ter uma relação harmônica com a Criação, rompendo com a exploração e marginalidade de seu próximo, provocada pelo sistema que não oferece chances iguais a todos os indivíduos, como está comprovado abaixo:

> *Nos países em desenvolvimento, 30% dos adultos são analfabetos, 30% não tem acesso a água potável e 30% das crianças estão com o peso inferior a média normal. O sistema gera indicadores da sua insustentabilidade. No mundo existem 150 milhões de desempregados. Enquanto isso, nos Estados Unidos 55% da população está com excesso de peso. (...) Cerca de 2 bilhões de pobres no mundo ainda utilizam lenham para cozinhar. Em quarenta dos países mais pobres do mundo, a madeira atende a mais de 70% das necessidades energéticas. Os 20% mais ricos da humanidade consomem 58% da energia mundial, enquanto os 20% mais pobres utilizam apenas 4% dessa energia. Os Estados Unidos, com apenas 5% da população mundial, utilizam 25% do suprimento energético global.*[67]

Grande número dos pobres do mundo vivem em nosso continente Latino-Americano, por isso esses números mesmo que mundiais, nos servem para compreensão da situação lastimável e sub-humana que vivem os habitantes de nosso continente. Tudo devido a concentração de renda, ou a ausência de uma relação adequada com a Criação.

---

[64] DIAS, Genebaldo Freire. *Educação Ambiental*, p. 60.

[65] Ocorre uma contaminação da água por coliformes fecais, o nº permitido é 2mil/litro, tal quantidade de esgoto despejado na água, a contamina com 2,4milhões/litro.

[66] Ibid., p. 63.

[67] Id., p. 69-70.

Dos 600 mil km de florestas derrubadas pelos produtores rurais, no chamado "arco do desflorestamento", na Amazônia, 165 km foram abandonados em face da sua baixa produtividade agrícola, revela o Censo Agro-pecuário do IBGE. Deixa-se a floresta, exaure-se seu solo abandona-se à erosão. Essa é a ética de "todos contra todos". (...) A água é um produto cada vez mais valorizado. Na Alemanha, cada mil litros de água tratada custam 2,36 dólares; na França, 1,35; Na Inglaterra, 1,28; No Brasil, 0,77.[68]

Os números nos levam a uma simples e notória conclusão: A Criação, a vida em si, não possui mais valor, alguns usufruem do que é de todos, como diz Leonardo Boff:

Desertificação (cada ano terras férteis, equivalentes à superfície do estado do Rio de Janeiro ficam desérticas); desflorestamento: 42% das florestas tropicais já foram destruídas, o aquecimento da Terra e as chuvas ácidas podem dizimar a floresta mais importante para o sistema-Terra, a floresta boreal (6 bilhões de hectares); superpopulação: em 1990 éramos 5,2 bilhões de pessoas com um crescimento de 3-4% ao ano enquanto a produção de alimentos aumenta somente 1,3%.[69]

Quando Deus criou, o objetivo é que a terra, bem como seus bens fossem desfrutados por todos, e não explorados por alguns como tem acontecido. Esta perspectiva, do objetivo da Criação para todos, com igualdade e solidariedade, uma vida harmoniosa em todos os sentidos é o que faremos agora, buscando equilíbrio e justiça na criação *para todos*.

3.2 Criação e a importância da Relação Harmônica

Deus não criou o cosmos para privilégio de alguns, enquanto a própria Criação padecesse. Talvez a própria concepção errônea de eleição tenha feito com que brotasse no coração do homem um orgulho antropocentrista devido ao privilégio de ter sido escolhido por Deus. Mas na verdade a escolha de Deus implica em compromisso.

Com o povo hebreu, o compromisso era mostrar quem era este Deus ao mundo. Isto porque, a aliança firmada não foi apenas com o povo, mas com todo o cosmos. Deste modo, a Criação realizada por Deus pode ser desfrutada por nós, sempre com respeito e

---

[68] DIAS, Genebaldo, Freire. *Educação Ambiental*, p. 70.
[69] BOFF, L. *Princípio-Terra: A volta à Terra com Pátria comum*, pp. 15-16.

harmonia, afinal nós também fazemos parte desta Criação, e por outro lado, também porque esta foi incluída pelo próprio Deus na aliança. As diferenças precisam ser suprimidas para dar lugar a igualdade e solidariedade, tanto entre nós seres-humanos, como entre ser-humano e Criação.

> *É só rever a história do dilúvio, do qual não só o homem foi salvo mas também, com ele, os animais, e em que a aliança entre Deus e Noé abrange também a natureza: não apenas uma aliança entre Javé e o cosmos, mas também entre o homem e a natureza (cf. Gn 9,1-17).* [70]

Mas essa visão de relacionar-se harmonicamente com a natureza, nem sempre fez parte da consciência humana. Tomamos posse, exercemos sobre a natureza nosso próprio domínio, crendo que éramos o centro da Criação e negando nossa responsabilidade de zelar por aquilo que Deus criou. Deste modo, o sofrimento levado a Criação, atinge também o ser humano como integrante desta, comprometendo todas as relações sociais que deveriam ser de igualdade, justiça e solidariedade entre nós. A natureza fica marcada pela exploração, da mesma maneira que o ser humano fica comprometido pela desigualdade e domínio entre si.

> *O próprio mundo foi criado – procede da Palavra soberana de Deus. E, na sua qualidade de "criado", pertence a Deus e não ao homem que também é criatura. Sendo assim o mundo não é absolutamente propriedade do homem. Foi dado ao homem na forma de criado. O homem tem de "adquirir" e de "receber" o mundo: não tem direitos autorais sobre ele.(...) Isto significa que quando o homem "toma" a terra "apropriando-se dela", é um usurpador e ladrão.*[71]

Como o ser humano não pode explorar e abusar daquilo que não lhe pertence, a Criação nesta perspectiva precisa ser revalorizada. A terra não nos pertence, nada na Criação nos pertence. Os direitos a propriedade no Brasil foram conquistados por invasões, deste modo que os latifúndios foram formados no Brasil. A invasão de terras indígenas principalmente, faz parte de nossa cultura, pois foi assim que fomos colonizados (a raiz da injustiça começa em nossas próprias origens históricas).

> *O mundo não foi entregue ao homem sem qualquer intuito. Pelo contrário, ele tem que fazer algo com o mundo, a saber, "sujeita-lo" e "dominá-lo". O talmude judaico expressa isso de maneira bem precisa: o homem, ainda que seja o último ser da criação, será o primeiro a ser punido. Ele é considerado responsável pela*

---

[70] BURGGRAEVE, Roger. *Responsável por "um novo céu e uma nova terra"*, p. 114.
[71] Ibid., p. 116.

criação. E, se a criação for pervertida, será o primeiro a ser chamado para dar contas de sua responsabilidade.[72]

Esta ideia da responsabilidade do homem, não é uma questão de sua escolha, é uma obrigação. O próprio Deus o criou com esse objetivo, e se ele for irresponsável em sua tarefa ele terá que ser responsabilizado por isto. Portanto toda fome e opressão gerado pela desigualdade social são provocadas pela ausência deste relacionar-se harmoniosamente com a Criação. É necessário um recuperar das relações.

A cada dia se ouve, se vê e se experimenta como essa degradação do ambiente comum da criação vai sendo poluído, devastado, degradado. A ameaça de uma crise ambiental está relacionada com a história das relações dos seres-humanos com o meio ambiente através de suas formas de organização social. Por natureza e para garantir a sobrevivência, o ser humano precisa interferir na natureza, extraindo dela o necessário para seu sustento e suas atividades criadoras. Assim tem sido no decorrer de toda a história da humanidade. (...) Desta forma, as causas, os reflexos e as consequências da crise ambiental atingem, em maior ou menor escala, cada pessoa e cada povo.[73]

Aquilo que acontece com a Criação, tem interferência direta em nossa vida como seres humanos. Nós fazemos parte da Criação, estamos inseridos nela, toda a teia de relações existente precisa ser mantida. Pois assim a vida continua a ser vivida, caso contrário ela se extinguirá. Todos os povos de uma forma ou de outra, sofrem com tudo aquilo que é feito a natureza. Este não era o objetivo de Deus para nós seres humanos, este não era o objetivo de Deus para a Criação, pois Ele está presente, participando dela e com ela sofrendo.

Não podemos continuar pensando Deus fora, ausente da sua criação, totalmente transcendente a ela. Uma resposta mais adequada talvez seria que, desde a eternidade, o Eterno Deus está dando luz à sua criação (...) Com essa compreensão, que assume o universo inteiro e que nele está presente, estimulando assim a criação, é possível repensar e reorientar o conceito que temos da relação entre Deus e a criação, e o que isso significa para nós.[74]

A busca pela igualdade entre os seres humanos, por justiça e libertação no nosso meio, atingindo assim o meio-ambiente, passa por essa compreensão. Temos o próprio Deus vivendo conosco. Deus não quer nenhuma criança sofrendo, passando fome, Ele não

---

[72] BURGGRAEVE, Roger. *Responsável por "um novo céu e uma nova terra"*, p. 117.
[73] REIMER, H.; REIMER, Ivoni R. *Por uma espiritualidade cristã ecológica*, p. 9.
[74] Ibidem, p. 11.

quer que a Criação seja explorada, menosprezada. Ele quer que haja um relacionamento harmônico entre tudo e todos.

É assim que Deus é conhecido, o Deus libertador, como no êxodo bíblico por exemplo. Devemos lutar da mesma maneira. Zelando e cuidando de todas as pessoas, principalmente as sofridas e excluídas, e da natureza indefesa contra a crueldade humana. Por isso que toda a Criação necessita hoje de libertação, precisa ser redimida pelo próprio Deus.

Pois a natureza chora a mesmice, a frustração, pois, de fato, ela "geme" e "suporta angústias", aguardando a redenção (Rm 8.22).[75] Mas enquanto essa redenção não é executada pelo próprio Deus, nós cristãos e seres-viventes do planeta terra, conscientes de nossa responsabilidade, precisamos trabalhar para que haja vida com igualdade e abundância para todos em nossa "casa", isto é, nossa participação prática nesse processo de redenção.

3.3 Relação harmônica: Propostas concretas

Como povo de Deus, como Igreja precisamos promover essa relação harmônica entre os seres vivos, essa é nossa missão, de acordo com o Reino de Deus, precisamos agir de modo que a igualdade, a solidariedade e a própria vida sejam promovidas. Pois essa missão não é só nossa, mas do próprio Deus.

> *Antes de ser missão da Igreja, a missão é do próprio Deus. Ele mesmo é quem está em atividade no mundo, agindo de modo a preservar e redimir a Criação. Reconciliar pessoas consigo mesmo e criar comunidades fraternas e solidárias em torno da memória de seu filho Jesus Cristo. A Missio Dei, portanto, tem alcance ecológico, comunitário e também pessoal. Esse é o propósito ou o plano de Deus*[76].

Portanto, em nossa luta, e na busca da concretização de nosso objetivo, não estamos sozinhos, o próprio Deus está conosco. Antes mesmo de ser uma preocupação nossa, é uma preocupação Dele. O próprio Deus reconcilia as pessoas e as redime. Nós, através de

---

[75] EVERY-CLAYTON, J. E. W. *Uma Introdução a Teologia Ecológica*, p. 15.

[76] CALVANI, C. E. Brandão. *Identidade e Missão protestante – perspectiva anglicana*, p. 7.

seu Reino, nosso paradigma, e pelos seus valores, precisamos buscar um relacionamento harmônico entre seres humanos e criação, para que assim cumpramos nossa missão.

> *Missão é basicamente "transformação". É a tentativa de criar estruturas e estratégias visando transformar a condição latente do Reino e da Igreja – que está presente em todas as religiões mundiais e em todas as culturas – na condição de Reino manifesto, algo novo: a nova realidade em Jesus como o Cristo. Transformação é o significado da missão.*[77]

É a luta, portanto, pela transformação das estruturas sociais injustas, e pela própria transformação de mentes que foi colocado a nós como nossa missão. A Igreja hoje tem se encolhido e não está realizando seu papel profético. Somos instigados dia após dia, pela exploração da natureza, pelo abuso de poder e dominação sobre os próprios seres-humanos, pela fome e miséria em nossas favelas e bairros a lutarmos para que à luz do Reino de Deus haja transformação.

> *Deus está fazendo isso e ele chama, convoca, desafia e capacita a Igreja atual, a Igreja já manifesta a ser sua cooperadora na obra de restauração do mundo, de preservação da criação e de transformação de grupos e indivíduos para que aconteça a manifestação do propósito final do Reino escatológico.*[78]

À espera pelo Reino escatológico, não podemos nos colocar numa condição de comodidade e simplesmente aguardar para que Deus se manifeste. É justamente o contrário: por esperarmos este Reino, é que somos desafiados em nossa realidade a cumprirmos nossa missão. Somos convocados por Deus e ao mesmo tempo capacitados, para que assim possamos juntamente com Ele lutarmos para que o mundo seja restaurado e a criação preservada.

A relação de harmonia entre ser humano e Criação é uma boa proposta para que esse processo de transformação seja iniciado, contudo, para que isso ocorra é necessário consciência: O ser humano se torna apenas um elemento em um sistema em que todos os elementos têm um estado ou uma condição igual. Os outros seres do mundo têm os mesmos direitos que o ser humano – à vida e à existência.[79] A igualdade não existe nem entre nós mesmos, então há dois desafios para que esse relacionamento harmônico seja real: a)

---

[77] Ibid. p. 9.
[78] CALVANI, C. E. Brandão. *Identidade e Missão protestante – perspectiva anglicana*, p. 9.
[79] HEWITT, Martin. *O conceito de comunidade como base para uma ética ecológica cristã*, p. 339.

valorizarmos o ser humano; b) valorizarmos a Criação; Esse processo precisa começar dentro de nossas próprias comunidades.

> *a) Inculcar nas mentes das crianças e adultos um amor verdadeiro, bíblico, para com a natureza, dádiva de Deus, ensinando a respeito na Escola Dominical e nas pregações. Isso faz parte da Teologia bíblica evangélica. b) Ensinar os crentes a buscarem um novo estilo de vida menos consumista, que menos gaste dos recursos esgotáveis do planta. c) Aprender na Igreja, e como Igreja, a louvar ao Deus Criador: - como o salmista fez no salmo 104, e em outros salmos – Celebrando Deus como o Planeta Terra (...) para que hajas criaturas e plantas para, ao lado dos remidos louvarem a Deus nos anos vindouros!*[80]

Como Igreja podemos com responsabilidade ensinar e inculcar esses valores. Levando a Igreja a pensar e agir com coerência em relação a Criação, se ensinarmos nas escolas dominicais e em sermões, pessoas se apaixonarão pela natureza. Podemos escrever revistas de escola-dominical para toda a denominação abordando tal preocupação. Criticando o sistema consumista no qual vivemos e incentivando as pessoas a terem uma vida mais equilibrada economicamente.

Cooperativas de reciclagem de lixo podem ser montadas. Com isto, resolve-se dois problemas: a fome e miséria, pois consegue-se alguma renda com este tipo de trabalho, e ao mesmo tempo consciência ecológica. A cooperativa pode ser dirigida como obra diaconal da própria Igreja.

Outro projeto é montarmos um estudo sobre economia doméstica. Inicialmente cada casa se comprometerá em diminuir 10% do consumo de água, o objetivo é atingir 30%, com isso toda a comunidade se beneficiará e motivará a outros, as possibilidades de economizar. Depois da Igreja o bairro e a cidade podem ser atingidos. A economia na compra de alimentos e a diminuição do desperdício, são propostas que também dão certo, além do incentivo a reciclagem doméstica do lixo. Tais propostas por enquanto são opcionais, mas logo serão obrigatórias:

> *A humanidade está enfrentando um desafio sem precedentes: concorda-se que os ecossistemas da Terra não podem sustentar os níveis atuais das atividades econômicas e o consumo de materiais. As atividades econômicas globais estão crescendo 4% ao ano – medido em Produto Global Bruto, cresceu de 3,8 trilhões,*

---

[80] EVERY-CLAYTON, J. E. W. *Uma Introdução a Teologia Ecológica*, pp.16-17.

> *em 1950 para 19,3 trilhões de dólares, em 1993. Isso quer dizer que a cada dezoito anos o PGB dobra! (World watch Institute, 1994) A população mundial, que era de 2,5 bilhões, em 1950, atinge 6 bilhões na virada do milênio, e o consumo percapto de energia supera esse crescimento. Tudo leva a uma rota de colisão.*[81]

Outra ideia também é a chamada alfabetização ecológica. Educar a respeito dos valores das comunidades ecológicas, para que desta forma consigamos criar comunidades humanas sustentáveis.[82] Este processo pedagógico pode ser ensinadas nas Escolas públicas e privadas, partindo do ensino da Legislação Ambiental, a exemplo da Lei de nº 6.938 de 31 de agosto de 1981, Política Nacional do Meio-Ambiente. Estes estudos trariam consciência e respeito pela Criação. Já somos exemplo, o Brasil é um dos poucos países do mundo que possuem uma legislação específica para o Meio-ambiente.

Estes ensinos, devem ser um verdadeiro processo de *metanoia*, influenciado pela Igreja, praticado pelo mundo, rompendo com os abusos indiscriminados nas relações desarmônicas. Pessoas com fome, natureza explorada, ambas doentes, carecendo de justiça e vida.

> *Buscar a transformação das estruturas injustas da sociedade. Trata-se da função profética da Igreja – estar atenta às injustiças e denunciá-las, bem como todas as formas de opressão, discriminação, exclusão e violência. Lutar por proteger a integridade da Criação. Isso implica em proteger, cuidar e renovar a vida na terra, agindo em colaboração com outros grupos nos quais identificamos o agir de Deus. Nesse ponto específico, a Missio Dei tem se desenvolvido muito mais fora das esferas eclesiásticas.*[83]

Uma última proposta é que a Igreja pode criar a Pastoral da Educação Ambiental[84], onde se trabalharia somente essas questões sobre o meio-ambiente. Essa pastoral representaria a Igreja nessas relações, montando projetos e captando recursos para investimento em áreas do próprio bairro e cidade. Além da Pastoral, a Igreja pode incentivar a fundação de uma ONG, para que a sociedade proteja os rios ou riachos, fundos de vale, ou mesmo bosques que estão sendo ameaçados por queimadas, depredações e exploração.

Pois, o relacionamento harmônico entre ser humano e Criação, depende de consciência, depende de abraçar a causa e o propósito de buscar os valores do Reino de Deus.

---

[81] DIAS, Genebaldo, Freire. *Educação Ambiental,* p. 233.
[82] O termo é de David Orr, citado na obra: CAPRA, Fritjof. *A teia da vida,* p. 231.
[83] CALVANI, C. E. Brandão. *Identidade e Missão protestante – perspectiva anglicana,* p. 11.
[84] EA: significa educação ambiental. A I Conferência Nacional de Educação Ambiental ocorreu no Brasil em 1997. (CNEA, Brasília, 1997).

Essa proposta se cumprida, pode nos conduzir a uma sociedade, e um mundo mais justo e igualitário. Pois o respeito pela Criação, passa também pelo respeito ao ser humano, coisa que não temos desde nossa colonização, tanto político-econômica, quanto política-religiosa:

> *O gesto do líder indígena da Bolívia, Ramiro Reynaga, por ocasião da visita do Papa àquele país em 1985, é simbólico para toda uma linha de pensamento crítico. Ele entregou ao Papa uma carta na qual, em nome dos indígenas, dizia: "Nós, índios dos Andes e da América, decidimos aproveitar a sua visita para devolver-lhe a sua Bíblia, porque em cinco séculos ela não nos deu nem amor, nem paz, nem justiça. Por favor, Santidade, tome de novo sua Bíblia e devolve-a a nossos opressores, porque eles necessitam de seus preceitos morais mais do que nós. Desde a chegada de Cristóvão Colombo, se impôs a América, com força, uma cultura, uma língua, uma religião e valores próprios da Europa. A espada espanhola que de dia atacava e assassinava o corpo dos índios, de noite se convertia em cruz que atacava a alma índia." O Papa nada pôde dizer: Teve uma atitude digna chorou.*[85]

Precisamos lutar por uma ética que mude nossos valores e conceitos, reconstruir a Criação a cada dia, baseados no amor de Jesus Cristo em nossas vidas, que sendo rico se fez pobre por amor de nós. Necessitamos reconstruir até mesmo o conceito de sermos povo de Deus, integrantes do planeta e integrantes uns dos outros, zelando e cuidando daquilo que Deus fez, não dominando como tem ocorrido.

> *O cuidado com a Terra representa o global. O cuidado com o próprio nicho ecológico representa o local. O ser humano tem os pés no chão e a cabeça aberta para o infinito (global). O coração une chão e infinito, abismo e estrelas, local e global. A lógica do coração é a capacidade de encontrar a justa medida de construir o equilíbrio dinâmico.*[86]

Cada pessoa tendo consciência de que faz parte tanto de um ecossistema local como de uma comunidade que abrange o cosmos, assim esse relacionamento harmônico seria um processo natural. Para que isso ocorra entra em cena o lado pedagógico do processo. Igrejas, escolas e toda sociedade, precisam ter essa compreensão. Assim o planeta Terra, se relacionará com seu Criador e com cada ser vivente sem exploração, sem marginalização, sem exclusão e sim de forma harmoniosa e plena como o grande Deus planejou.

---

[85] BOFF, Leonardo. *Nova era: A civilização Planetária*, p 76.
[86] BOFF, Leonardo. *Saber Cuidar; Ética do Humano – compaixão pela terra*, p. 135.

CONCLUSÃO

Nossa proposta, nessa dissertação, foi demonstrar como devemos cuidar, administrar e proteger a "casa" que nosso Deus e Criador nos deu, isso através da Relação Harmônica entre ser humano e Criação. Na Teologia Bíblica, vários são os textos que apresentam preocupações ecológicas, (mesmo isto significando um anacronismo), observamos que as Sagradas Escrituras já valorizavam a Criação, como algo que deve ser respeitado e mantido, numa interação justa, numa relação de interdependência, enfim numa relação de harmonia e equilíbrio entre todos.

Do mesmo modo muitos teólogos e participantes da história da Igreja ao longo dos séculos demonstraram também preocupação com a Criação. Desde Orígenes, até Moltmann percebemos que foi dada a Criação grande importância. Em nossos dias, graças as crises que o planeta enfrenta, a valorização daquilo que fora Criado tem recebido grande atenção.

Tal importância que a Criação conquistou ainda não é o suficiente para romper com todo abuso e exploração que estão presentes em nosso planeta. Nossa Teologia Latino-americana (por exemplo), demonstra como a relação se compromete, se mortifica entre os seres-humanos, por isso que precisamos buscar com todas as forças uma relação harmônica, porque assim conseguiremos vencer o abuso e exploração de alguns contra a fome e miséria de muitos.

Os números apresentados neste trabalho assustam, angustiam e nos preocupam. Mas até quando veremos tudo isto e continuaremos de braços cruzados? Como Igreja e motivados pelo paradigma do Reino de Deus, precisamos agir. A Criação sofre dores de parto, nós como seres humanos participantes e membros desta também. Precisamos compreender nosso papel, nosso lugar neste processo que foi concretizado pelo próprio Deus Criador, e assim lutarmos contra toda desarmonia presente em nosso mundo, desencadeada, mantida e incentivada pelo próprio ser humano. É a luta pela vida, não de alguns, mas de todo o cosmos, de todos seres-vivos que o compõem.

O grito dos excluídos é ouvido, juntamente com o grito da Criação, nessas dores de parto que não cessam, temos nos tornado surdos, não ouvimos, ou não queremos ouvir estes gritos. Mas como pessoas conscientes, conhecedores e seguidores das Sagradas Escrituras, do compromisso do Deus apresentado nesta no decorrer da história, o Deus que se comprometeu com os excluídos e marginalizados, do mesmo modo seu representante na Terra, Jesus Cristo, nós precisamos lutar para que a Criação seja valorizada adequadamente, como Deus realmente queria.

A vida está em jogo, a vida de milhões de pessoas, a vida de milhões de seres-vivos que são, dia a dia, expurgados de nosso mundo, tirados violentamente do direito a vida que estes possuem, seres sem vida, mas que ainda respiram, que ainda rastejam diante de nossos olhos. Quando olhamos para nosso mundo, que se preocupa com o ter e não com o ser, que valoriza, motiva e incentiva nossas necessidades superficiais, fazendo com que cada vez menos recursos o planeta possa ter, entendemos o quanto precisamos ser redimidos por Deus. Mas a redenção proposta, a chegada do Reino de Deus, como vimos em Ap. 21, não pode nos deixar em situação de comodidade: motivados por esta chegada, com a alegria que virá com esse Reino precisamos lutar para que todos tenham a vida em abundância prometida por Jesus.

Acreditamos que a proposta descrita, esse Relacionamento harmônico entre seres humanos e Criação, seja uma opção nessa busca pela igualdade, pela justiça, pela solidariedade, enfim, pelos valores ensinados por Jesus Cristo e as Sagradas Escrituras, como sendo valores vindos do próprio Reino dos céus que ele iniciara com sua presença entre nós.

A vida hoje anseia por igualdade, anseia por justiça. A natureza sofre porque é a primeira a enfrentar os abusos e explorações causados pelos seres humanos. Olharmos para a natureza, para os animais, enfim para tudo o que fora criado, com olhos de irmão como propôs São Francisco é um desafio que nos levaria a concretizar a Relação harmônica entre ser humano e Criação, fazendo do mundo o verdadeiro Reino de Deus que já se iniciara, mas que ainda aguarda a plenitude da redenção.

E enquanto a redenção não vem em plenitude lutemos para que haja harmonia entre nós seres humanos e entre toda a Criação. *Que Deus possa olhar e dizer novamente que tudo é muito bom.*

BIBLIOGRAFIA:

ADRIANO, José. *Apocalipse de João e a Mística do Milênio.* In: Revista de Interpretação Bíblica Latino-Americana, Vozes/Petrópolis; Sinodal/ São Leopoldo, nº 34 -1999/3.

AGOSTINHO, S. *A Cidade de Deus (Contra os pagãos).* 2ª Ed. Petrópolis, Vozes, 1990.

ALTMANN, W.; MALSCHITZKY, H.; In: *Estudos Teológicos*. Escola Superior de Teologia, da Igreja Evangélica de Confissão Luterana no Brasil, nº 1, ano 30. 1990.

BOFF, Leonardo. *Ecologia, mundialização e espiritualidade.* São Paulo, Ática, 1993.

____________. *Nova era: A civilização Planetária.* São Paulo: Ática. 1998.

____________. *Princípio-Terra: A Volta à Terra como Pátria comum.* São Paulo: Ática, 1995.

____________. *Saber Cuidar; Ética do Humano – compaixão pela terra.* Petrópolis, Vozes, 1999.

____________. *São Francisco de Assis: Ternura e Vigor.* Petrópolis, Vozes, 1981.

BONHOEFFER, Dietrich. *Creation and Fall – Temptation. Two Biblical Studies.* Macmillan Publishing co; Nova York, 1976.

BRAATEN, Carl E.; JENSON, Robert W. *Dogmática Evangélica.* Vol. 1,2. São Leopoldo, Sinodal, 1990.

BROMILEY, G. W., *CREDO: Enciclopédia Histórico Teológica da Igreja Cristã,* vol.1, São Paulo, Vida Nova.

BURGGRAEVE, Roger. *Responsável por "Um novo céu e uma nova terra".* In: Não há Céu sem Terra: Concilium/236 – 1991/4: Dogma.

CALVANI, Carlos E. Brandão. *Identidade e Missão Protestante.* In: Via Teológica. Curitiba: Faculdade Teológica Batista do Paraná. Nº 3, julho de 2001, vol. 1.

CALVINO, Juan. *Institución de La Religión Cristiana. Buenos Aires, Nueva Creación, 1967.*

CAPRA, Fritjof. *A Teia da Vida: Uma nova compreensão científica dos sistemas vivos.* São Paulo, Ed. Cultrix, 2001.

DATTLER, Frederico. *Gênesis.* Paulinas, São Paulo, 1984, pp. 23-60.

DIAS, Genebaldo F. *Educação Ambiental: Princípios e Práticas.* São Paulo: Ed. Gaia, 2000.

EVERY-CLAYTON, J. E. W. *Uma Introdução a Teologia Ecológica.* In: SIMPÓSIO, São Paulo: ASTE, 1992. vol. 7 (3).

GANOCZY, A.; KLINKEN, J.; KROH, W.; BURGGRAEVE, R. In: *Não há Céu sem Terra.* Ed. Vozes, Petrópolis. Concilium - 1991/4: Dogma.

GERSTENBERGER, Erhard S. *(org.) Deus no Antigo Testamento.* Aste, São Paulo, 1981.

GUTHRIE, Shirley. *Christian Doctrine: Teaching of Christian Church.* Richmond, CLC Press, 1968.

HEWITT, Martin. *O conceito de comunidade como base para uma ética ecológica cristã.* In: SIMPÓSIO, São Paulo: ASTE, 1997, vol. 8 (4).

JUNGES, José R. *Ecologia e Criação – Resposta cristã à crise ambiental,* Loyola, São Paulo, 2001.

KLEIN, Carlos J. *Deus e a criação segundo Orígenes.* In: Revista Teológica Londrinense, nº 1. Londrina, Edição: STAGS;UNIFIL, 2001.

LEENHARDT, F.J. *Epístola aos Romanos: Comentário Exegético.* Aste, São Paulo, 1969.

LEITH, John H. *A Tradição Reformada; Uma maneira de ser a comunidade cristã.* São Paulo, Pendão Real, 1997.

LUTERO, Martinho. *Obras Selecionadas,* vol. 6.

MCKIM, Donald (Ed.). *Grandes Temas da Tradição Reformada.* São Paulo, Pendão Real, 1999.

MOLTMANN, J. *Doutrina Ecológica da Criação: Deus na Criação.* Petrópolis, Vozes, 1992.

MURPHY, R. E. *Jó e Salmos: Encontro e confronto com Deus.* Paulinas, São Paulo, 1985.

MYSTERIUM SALUTTIS II/2. *A Criação.* Petrópolis: Vozes, 1972.

PEÑA, Juan L. *Teologia da Criação.* São Paulo, Edições Loyola, 1989.

RAD, Gerhard. *Teologia do Antigo Testamento.* V. I, Aste, São Paulo, 1973, pp. 147-166.

REIMER, Haroldo; REIMER, Ivoni R. *Por uma espiritualidade cristã ecológica.* In: *Mosaicos da Bíblia: Bíblia e Ecologia.* CEDI - Centro Ecumênico de Documentação e Informação.

RICHARD, Pablo. *Apocalipse: Reconstrução da esperança.* Vozes, Petrópolis, 1996.

ROLDAN, Alberto Fernando. *Senhor Total.* Londrina, Descoberta Editora, 2000.

ROSEMARY, R. RUETHER. *Ecofeminismo: Conexões Simbólicas e Sociais entre a Opressão das Mulheres e a Dominação da Natureza.* In: *Estudos Teológicos.* Escola Superior de Teologia, da Igreja Evangélica de Confissão Luterana no Brasil, nº 3, ano 32. 1992.

SCHAEFFER, Francis A. *Poluição e Morte do Homem; Uma Perspectiva Cristã da Ecologia.Rio de Janeiro,* JUERP, 1976.

SCHWANTES, Milton. *Projetos de Esperança: Meditações sobre Gênesis 1-11.* Vozes /Petrópolis; São Leopoldo/Sinodal; 1989, pp. 73-84.

STOTT, John R. W. *A mensagem de Romanos 5-8.* Abu Editora, São Paulo, 1988, pp. 87-91.

TERRIEN, Samuel. Jó. *São Paulo, Paulus, 1994.*

TILLICH, Paul. *História do Pensamento Cristão.* São Paulo, ASTE, 1988.

___________. *Teologia Sistemática.* São Paulo, Paulinas; São Leopoldo, Sinodal, 1984.

V.V.A.A. *Conquistar a Terra, Reconstruir A Vida.* Petrópolis: Vozes. (CPT), 1985.

V.V.A.A. *Estudos Bíblicos: Bíblia e Ecologia.* Vozes/ Petrópolis; Sinodal/ São Leopoldo, 1993.

V.V.A.A. *Estudos Teológicos.* Escola Superior de Teologia, da Igreja Evangélica de Confissão Luterana no Brasil, nº 3, ano 32. 1992.

V.V.A.A. *Mosaicos da Bíblia: Bíblia e Ecologia.* CEDI - Centro Ecumênico de Documentação e Informação.

WESTHELLE, Vitor. *A voz que vem da natureza.* In: *Estudos Teológicos.* Escola Superior de Teologia, da Igreja Evangélica de Confissão Luterana no Brasil, nº 1, ano 30. 1990.

WEISER, Artur. *Os Salmos.* Paulus, São Paulo, 1994, pp. 511-517.

WESTERMANN, Claus. *Teologia do Antigo Testamento.* Paulinas, São Paulo, 1987, pp. 72-90.

WOLF, H. Walter. *Antropologia do Antigo Testamento.* Loyola, São Paulo, 1975, pp. 129-135.

Printed by Books on Demand GmbH, Norderstedt / Germany